TOUT SAVOIR SUR

LE LABRADOR

RETRIEVER

I

II

TOUT SAVOIR SUR LE LABRADOR RETRIEVER

Mon Ami Le Chien

Saphira Eiger

III

Publié par

Nature & Santé

Sommaire

VI

FICHE D'IDENTITÉ

NOM OFFICIEL :   Retriever du Labrador

AUTRES NOMS :   Labrador, Lab

PAYS D'ORIGINE :   Grande-Bretagne

CLASSIFICATION :

Groupe : 8 — Chiens rapporteurs de gibier, chiens leveurs de gibier, chiens d'eau

Section : 1 — Chien rapporteur de gibier

CARACTÉRISTIQUES :

Taille de la femelle :   54 à 60 cm

Poids de la femelle :   25 à 32 kg

Taille du mâle :   55 à 62 cm

Poids du mâle :   30 à 36 kg

Longévité :   Environ 12 ans

FCI: 1954

AKC : 1917

KC : 1903

UKC : 1947

La Fédération Cynologique Internationale (**FCI**) est une organisation internationale basée en Belgique, comptant comme membres les institutions nationales de 98 pays. C'est, de loin, l'association canine la plus importante au niveau mondial.

L'American Kennel Club (**AKC**) est la principale association canine des États-Unis, et le seul registre gratuit du pays. Non affiliée à la FCI, elle a cependant une portée internationale.

The Kennel Club (**KC**) est l'association canine officielle du Royaume-Uni et c'est aussi la plus ancienne (elle fut créée en 1873). Peu influente sur le plan international, son histoire et son prestige font qu'elle est cependant très respectée.

L'United Kennel Club (**UKC**) est un registre canin basé aux États-Unis important en Amérique du Nord, mais peu suivi dans le reste du monde.

SES ORIGINES

Le Retriever du Labrador est une race relativement récente et originaire de Grande-Bretagne, où elle se développa au cours du 19ème siècle.

Son ancêtre, le Chien de Saint-Jean ou Saint John's Dog, vient du Canada. Contrairement à la croyance populaire, il est originaire de l'île de Terre-Neuve, dont Saint-Jean de Terre-Neuve (ou Saint John's) est la capitale, et non de la province du Labrador.

L'origine exacte de cet ancêtre est sujette à débat, mais la théorie la plus acceptée est qu'il descend du Cao de Castro Laboreiro, un chien qui accompagnait les pêcheurs portugais. Une autre théorie, soutenue par certains spécialistes, quoique peu plausible, affirme qu'en réalité le Retriever du Labrador descendrait de chiens de traîneaux utilisés par les Indiens du Labrador.

Ce qui est certain, c'est que de nombreux écrits remontant au 16ème siècle parlent de chiens de petite taille, parfois présentés comme de petits Terre-Neuve, aidant les pêcheurs locaux à retrouver les poissons tombés hors de la nasse.

Au début du 19ème siècle, les qualités de ce chien convainquirent quelques visiteurs anglais de passage sur l'île, et plusieurs spécimens furent alors importés en Grande-Bretagne. Ils attirèrent l'attention du 2ème comte de Malmesbury, qui utilisa ces chiens amateurs d'eau pour la chasse. Il transmit sa passion pour ces chiens à son fils, qui continua à développer la race avec l'aide de quelques éleveurs locaux. C'est ce fils, 3ème comte de Malmesbury qui la baptisa du nom de Labrador Retriever. Toutefois, nul ne sait s'il le fit en hommage à la mer du Labrador, qui borde l'île de Terre-Neuve, ou s'il s'agit une déformation du nom portugais Laboreiro.

En 1885 naquit chez Lord Malmesbury 3ème du nom un chien noir appelé Buccleuch Avon, qui est considéré comme l'ancêtre de tous les Labradors actuels. Le Kennel Club (KC) britannique reconnut la race dès 1903, mais il fallut attendre 1916 pour que le premier club de race soit fondé par la comtesse Lorna Howe, qui rédigea dans le même temps le premier standard du Labrador Retriever.

C'est également au début du 20ème siècle qu'il fut importé aux États-Unis où il connut un rapide succès, au point que l'American Kennel Club (AKC) reconnut la race dès 1917.

Dans les années 20, les standards des différents organismes évoluèrent pour accepter les spécimens de couleur jaune, alors que, à l'origine, tous les Labradors Retrievers étaient noirs.

Après la Seconde Guerre Mondiale, la race se diffusa dans le monde entier, obtenant notamment la reconnaissance de l'United Kennel Club (UKC) en 1947 puis de la Fédération Cynologique Internationale (FCI) en 1954.

Elle est aujourd'hui acceptée par toutes les associations canines, y compris par exemple le Club Canin Canadien (CCC), et est présente dans le monde entier.

SON APPARENCE

Le Labrador est un chien de grande taille, bien charpenté, mais souple et agile.

Son corps est massif et musclé, mais en aucun cas corpulent. Son poitrail est large, et les côtes cintrées doivent être palpables sous la peau. Les pattes, à l'ossature solide, se terminent par des pieds ronds. La queue, dite en « queue de loutre », est une particularité de la race et l'aide à nager. Très épaisse à la base, elle s'effile vers son extrémité et est recouverte de poils courts, sans franges.

Le crâne est large, avec un stop bien marqué et un museau puissant. La truffe comporte des narines larges et est de la même couleur que la robe. Les yeux sont brun plus ou moins foncé et expriment intelligence et bon caractère. Les oreilles, attachées vers l'arrière du crâne, retombent le long des joues.

Le pelage du Labrador Retriever est constitué d'un sous-poil dense résistant aux intempéries et d'un poil de couverture, dense lui aussi, court et dépourvu d'ondulations. Au toucher, il est plutôt dur et rêche. L'ensemble est imperméable, et sèche rapidement une fois sorti de l'eau.

La robe du Labrador doit être unie, à l'exception d'une éventuelle petite tache blanche sur le poitrail. Seules trois couleurs sont acceptées par le standard de la race : noir (la couleur d'origine), jaune (la plus courante de nos jours, qui va du crème au roux) et marron (la moins fréquente, et parfois nommée foie ou chocolat).

Il est à noter que la couleur grise (argentée ou silver) n'est pas autorisée, car elle est due à un croisement avec le Braque de Weimar.

Enfin, le dimorphisme sexuel est bien marqué, le mâle étant légèrement plus grand mais surtout bien plus massif que la femelle.

SON CARACTÈRE

Le Labrador est affectueux, proche de sa famille, et incroyablement sociable, au point de faire partie des races les plus proches des humains. Il aime tout le monde : sa famille bien entendu, mais aussi les voisins, le livreur de pizza, l'inconnu qu'il croise lors d'une promenade ou encore le gentil voleur qui s'introduit sur son territoire, mais prend le temps de le caresser.

C'est aussi un chien idéal avec les enfants de tout âge, affichant une patience légendaire lorsqu'un petit s'amuse avec ses oreilles ou essaie de jouer au petit cheval avec lui. Et c'est d'ailleurs sûrement la raison pour laquelle de nombreux accidents sont reportés chaque année :

le fait qu'il soit aussi conciliant ne doit pas dispenser d'apprendre aux enfants comment se comporter avec un animal et le respecter, afin de ne pas dépasser les limites de ce qu'il peut tolérer. En tout état de cause, quelle que soit sa race, un chien ne doit jamais être laissé avec un tout-petit sans la supervision d'un adulte.

Le Labrador n'apprécie pas seulement la compagnie des humains : il adore aussi passer du temps avec ses congénères et s'entend à merveille avec les chats ou les autres petits animaux de la maison. Sa taille, son enthousiasme et sa manie de tout rapporter entre ses mâchoires risquent toutefois d'être dangereux pour les petits rongeurs, reptiles et oiseaux, qu'il pourrait blesser par inadvertance.

Pendant ses deux premières années, ce chien est une boule d'énergie à la curiosité insatiable et la capacité d'écoute limitée. Il court, joue et mâchouille tout ce qu'il trouve : jouets, chaussures, plantes, téléphone… Mieux vaut ne rien laisser traîner qui aie de la valeur ou puisse le blesser.

En devenant adulte, il se calme, mais reste un chien très actif, ayant besoin d'au moins une heure d'exercice par jour. Les jeux et les promenades sont un excellent moyen de l'aider à se dépenser, et les maîtres les plus sportifs apprécient de trouver un compagnon toujours ravi d'être dehors, même après déjà plusieurs heures d'effort. En revanche, il n'est pas adapté pour une personne âgée ou très sédentaire.

Même s'il n'a pas tendance à fuguer, sa sociabilité et sa curiosité font qu'il aime aller voir ce qu'il se passe un peu partout, et renifler à droite à gauche. Pour éviter les éventuels problèmes lors des promenades, mieux vaut donc le tenir en laisse pour qu'il reste aux côtés de son maître.

Intelligent et serviable, le Retriever du Labrador aime se rendre utile. Il excelle en tant que chien d'assistance, mais peut aussi se contenter d'accomplir des tâches plus courantes. Des missions de la plus haute importance, comme apporter les pantoufles ou aider à creuser un trou pour planter un arbre, lui donnent la sensation du devoir accompli.

Mais il est capable de bien plus, et raffole des sports canins comme le flyball, l'agility ou l'obéissance, qui lui permettent de faire admirer toutes ses qualités, tant athlétiques qu'intellectuelles.

Les activités aquatiques sont une autre façon intéressante de lui permettre de se dépenser. En effet, qu'il s'agisse de se rouler dans une flaque, de sauter dans la piscine, ou d'aller nager dans la mer, le Labrador Retriever est un chien qui aime l'eau. C'est même un excellent nageur, mais il n'a pas toujours assez de lucidité pour estimer la force du courant. Mieux vaut le tenir en laisse à proximité d'une zone dangereuse comme une rivière à fort débit ou une zone de l'océan connue pour la force de ses courants.

Étant donné sa taille et son niveau d'activité, il n'est pas particulièrement adapté à la vie en appartement, même s'il peut s'en accommoder dès lors que son maître prend soin de le sortir plusieurs fois par jour et lui permet de suffisamment se dépenser. L'idéal reste cependant une maison avec jardin, pour qu'il puisse se dépenser à sa guise. Même s'il n'est pas du genre fugueur, mieux vaut que les limites de son territoire soient claires, afin d'éviter qu'il ne s'aventure à découvrir le quartier, risquant notamment de se perdre ou d'être victime d'un accident de circulation. Ainsi, une clôture est fortement recommandée.

Le débat fait rage entre les spécialistes pour savoir si le Labrador est un chien d'extérieur ou d'intérieur. Il est évident que sa proximité avec les humains fait qu'il souhaite passer le plus de temps possible avec sa famille, et il n'est pas question de l'en tenir à l'écart des journées durant. Il n'en reste pas moins indéniable que ses origines, ses caractéristiques physiques et son énergie font qu'il est plus heureux à l'air libre. Au final, à moins que sa famille décide de vivre dans une tente plantée à l'extérieur, il n'existe pas de solution idéale, et maître comme chien doivent faire des compromis.

Enfin, le Labrador ne se fait pas souvent entendre, mais quand il aboie, tout le monde est au courant : ses aboiements peuvent atteindre les 110 dB. Le record de l'aboiement le plus fort jamais mesuré, qui s'élève à 113 dB, est en revanche détenu par Charlie, un Golden Retriever.

SA SANTÉ

Le Labrador Retriever est une race robuste et jouissant d'une espérance de vie remarquable pour sa taille, avec de nombreux sujets dépassant allégrement les 15 ans.

Son poil dense et imperméable le protège très bien du froid et des intempéries, mais aussi de la chaleur. Il est donc parfaitement adapté à tous types de climats, même s'il doit pouvoir s'abriter lorsque les températures deviennent extrêmement basses, et rester tranquillement à l'ombre en cas de canicule.

Malgré sa bonne santé générale, la race reste prédisposée à diverses maladies. La plupart sont communes à tous les chiens de grande taille, mais certaines sont spécifiques à la race, et d'autres encore sont dues à sa popularité, qui a conduit certains éleveurs à privilégier la quantité et ne pas respecter toutes les précautions d'usage. Les plus courantes sont :

- la dysplasie de la hanche, la dysplasie du coude et la dysplasie de l'épaule (ou ostéochondrose), des malformations des articulations qui empêchent le chien de se déplacer normalement. Elles peuvent être héréditaires, mais comme les sujets porteurs sont exclus de la reproduction, la cause principale est aujourd'hui simplement une croissance trop rapide ;
- la dilatation-torsion de l'estomac, un problème souvent dû à l'ingestion trop rapide de grandes quantités de nourriture, qui s'avère généralement fatale sans l'intervention rapide d'un vétérinaire ;
- l'atrophie progressive de la rétine, une dégénérescence des tissus oculaires incurable menant à la perte complète de la vue, d'abord de nuit, puis également de jour ;

- la myopathie centronucléaire, une maladie héréditaire entrainant une perte de masse musculaire ;

- la parakératose nasale, une affection héréditaire spécifique à la race et responsable de lésions au niveau de la truffe, qui prend alors un aspect sec et rugueux. Elle se traite à l'aide de crèmes médicamenteuses qui ramollissent les tissus atteints, et n'affecte pas la qualité de vie du chien ;

- le collapsus induit par l'exercice, qui fait que l'animal s'effondre peu après un effort. Il est alors nécessaire d'adapter les exercices du chien pour éviter ceux qui sont trop intenses, car cette affection est incurable ;

- l'épilepsie, qui cause des crises convulsives et ne peut être soignée. Des traitements permettent toutefois de diminuer la fréquence et l'intensité de ces crises, si bien que la plupart des individus parviennent à poursuivre une vie normale ;

- les infections des oreilles (otites, etc.), du fait de leur forme tombante qui retient plus facilement les saletés et l'humidité ;
- des problèmes oculaires : cataracte, entropion, dysplasie rétinienne…

L'immense popularité de la race depuis plusieurs décennies fait que de nombreuses maladies ont été reportées chez le Labrador, mais elles restent extrêmement rares quand on les rapporte à la population globale. Une étude réalisée en 2004 par le Kennel Club britannique et la British Small Animal Veterinary Association indique que le cancer et l'âge avancé sont les principales causes de mortalité chez cette race, causant à elles seules plus de la moitié des décès enregistrés. Les problèmes cardiaques (arrêt cardiaque, cardiomyopathie…) et vasculaires cérébraux arrivent loin derrière, représentant en cumulé autour de 13 % des cas.

Au quotidien, le problème de santé le plus répandu chez le Labrador est de loin l'obésité. Son grand appétit et sa capacité à convaincre sa famille qu'il mérite quelques croquettes en plus font que de nombreux représentants de la race mangent plus que de raison et sont en surpoids. Seul son maître peut le protéger, en respectant les rations quotidiennes conseillées et en ne cédant pas face à ses demandes incessantes.

Son appétit et sa propension à « manger » tout ce qu'il trouve est d'ailleurs responsable d'un autre risque pour sa santé, en particulier pendant ses deux ou trois premières années. En effet, chaussettes, jouets et autres petits objets peuvent provoquer une occlusion intestinale du chien lorsqu'il les ingurgite, et une opération est alors nécessaire. Il est donc important de ne rien laisser traîner qui peut être avalé, a fortiori s'il s'agit d'objets coupants.

L'adoption auprès d'un éleveur de Labrador Retriever sérieux permet de diminuer drastiquement le risque d'obtenir un chiot en mauvaise santé, par exemple atteint d'une maladie héréditaire. Le fait qu'il soit membre du club de race est à ce titre un gage de qualité. Quoi qu'il en soit, en plus des résultats des tests génétiques effectués tant sur les parents que sur le petit, il doit être en mesure de produire un certificat de bonne santé émis par un vétérinaire ainsi que le détail des vaccins administrés au chiot, consignés dans son carnet de santé ou de vaccination.

Une fois l'adoption effectuée, c'est au maître que revient la responsabilité de garder son animal en bonne santé tout au long de sa vie. Pour ce faire, une visite de routine chez le vétérinaire est nécessaire au moins une fois par, quand bien même il n'y a aucun problème à l'horizon. Elle permet de garantir qu'il reste à jour de ses vaccins, mais aussi de détecter au plus tôt d'éventuels problèmes de santé pas forcément remarquables à première vue. En parallèle, le maître doit veiller à administrer régulièrement des antiparasitaires à son animal, pour qu'il soit protégé en permanence.

28

SA POPULARITÉ DANS LE MONDE

Le Labrador Retriever est la race de chien la plus populaire au monde, et de loin. Il plait tout particulièrement aux Anglo-saxons, occupant par exemple la première place en Australie, au Canada, en Grande-Bretagne et aux États-Unis. Dans ce pays, il occupe cette première place en continu depuis 1991, avec plus de 100 000 enregistrements annuels auprès de l'AKC. Il en va de même au Canada depuis la fin des années 90.

Si sa popularité ne se dément pas, elle peut cependant fluctuer sensiblement d'une année à l'autre. En Grande-Bretagne, par exemple, on comptait plus de 44 000 inscriptions annuelles au

KC en 2010, mais « seulement » 32 000 environ en 2015 et 35 000 en 2019.

En France, la situation est différente.

S'il fait bien partie des 10 races de chien les plus populaires en France, il n'est pas présent dans le trio de tête, et est même dépassé par le Golden Retriever. La popularité du Labrador dans l'Hexagone a explosé dans les années 80-90, passant de moins de 2500 naissances enregistrées chaque année au Livre des Origines Français (LOF) en début de période à environ 10 000 à la fin. Puis ce chiffre chuta dans les années 2000 (tandis que ceux du Golden grimpaient en flèche) pour se situer plutôt aux alentours de 7000. À partir de 2013, il reprit du poil de la bête, terminant les années 2010 à environ 8000 naissances.

SES DIFFÉRENTS USAGES

On l'oublie souvent, mais le Labrador Retriever est à la base un chien de chasse, fait pour rapporter le gibier. Ses ancêtres étaient utilisés pour ramener les poissons tombés du filet dans les eaux glacées de l'Atlantique Nord. Quand lui-même fut développé en Angleterre, il apprit à rapporter toutes sortes de gibiers, mais sa prédilection pour le milieu aquatique en fit un spécialiste du gibier d'eau.

Il l'est encore aujourd'hui, et ses talents de chien de chasse continuent d'être appréciés un peu partout dans le monde.

Pourtant, ils sont à présent largement éclipsés par les qualités faisant de lui un chien de compagnie idéal, et c'est clairement dans ce rôle qu'on le retrouve le plus souvent aux quatre coins de la planète. Ami des enfants, joueur et actif, sociable et incroyablement proche des siens, le Labrador Retriever est le chien de famille par excellence.

Son intelligence en fait également la race la plus largement représentée parmi les chiens d'assistance. Qu'il serve comme chien-guide pour personne malvoyante, chien d'assistance pour personne handicapée ou encore chien de soutien émotionnel (par exemple pour les personnes autistes), il déçoit rarement. Les chiffres varient selon les pays et les associations, mais la proportion de Labradors parmi les chiens utilisés dans ce cadre se situe généralement entre 50 % et 70 %.

Il s'est aussi fait une place auprès des forces de l'ordre que son flair aide à la détection de drogues, armes et autres produits interdits. Il fait aussi un très bon chien de recherche de victimes et de personnes disparues.

Comme on peut s'y attendre, le Lab brille également dans les concours de beauté, au point d'être un habitué des podiums lors des expositions canines.

On le retrouve également souvent sur ceux des compétitions de sport canin, en particulier dans les épreuves d'agility, d'obéissance ou encore de flyball.

Finalement, il n'y a qu'une mission qu'il n'est absolument pas en mesure d'exercer : celle de chien de garde. Il n'aboie pas à l'approche d'un inconnu, et si celui-ci a la bonne idée de le caresser voire de lui donner quelques friandises, il est alors le bienvenu à la maison, qu'il soit bien ou mal intentionné…

ÉDUQUER SON LABRADOR RETRIEVER

Le Labrador Retriever est naturellement ouvert envers les humains et les autres animaux, mais cela ne signifie en aucun cas que sa socialisation doit être négligée. Dès les premières semaines, le chiot doit avoir l'occasion de régulièrement rencontrer diverses personnes, croiser la route d'autres animaux et être exposé à différentes situations. Ce sont ces expériences qui lui permettent de devenir un adulte calme et équilibré, sociable et non agressif.

Le jeune Labrador est en tout cas souvent difficile à gérer pour un maître peu expérimenté, surtout si ce dernier n'a eu de cesse d'entendre des louanges sur le caractère de cette race, et s'attend à ce que tout se passe sans la moindre difficulté. Son excès d'énergie, sa propension à mâchouiller tout ce qu'il trouve (chaussures, meubles, téléphone…) et son incapacité à rester concentré plus de quelques secondes font que certains en viennent à se demander si leur compagnon n'a pas un problème.

L'aide d'un éducateur canin professionnel peut d'ailleurs s'avérer utile la première année, notamment pour aider à contrôler sa tendance à détruire tout ce qui lui passe entre les mâchoires, ainsi que les commandes de rappel.

En grandissant, le Labrador se calme et devient l'une des races de chiens les plus faciles à éduquer et coopératives, même pour une personne inexpérimentée. Son intelligence et son désir de faire plaisir font qu'il assimile vite les commandes, et sa passion pour la nourriture rend la tâche encore plus facile.

Sachant cela, il va de soi que le renforcement positif est la méthode de choix pour éduquer un Labrador Retriever. Les compliments et caresses sont appréciés, mais les friandises le sont généralement encore plus. Il faut toutefois y avoir recours avec modération, au risque qu'il prenne du poids.

Dès lors que son maître est prêt consacrer du temps à son éducation et son dressage, les possibilités d'un Lab sont immenses, comme en témoignent depuis des décennies les milliers de représentants de cette race utilisés comme chiens d'assistance pour personnes handicapées ou autre. Les concours canins, notamment ceux d'agility ou d'obéissance, sont une autre manière pour lui de montrer l'étendue de ses talents.

NOURRIR SON LABRADOR RETRIEVER

Le Labrador Retriever est un gourmand qui n'est absolument pas difficile à l'heure du repas. Les aliments industriels pour chien du commerce lui conviennent parfaitement, mais il convient bien sûr de choisir des produits (mais aussi d'en établir des rations) capables de lui apporter tous les nutriments nécessaires et d'être adaptés aussi bien à sa taille qu'à son âge et son niveau d'activité.

L'alimentation du chiot Labrador Retriever est particulièrement cruciale. En effet, alors qu'il est déjà en plein développement et connaît de fortes poussées de croissance lors des 18 à 24 premiers mois, une alimentation trop riche ou trop abondante accentuerait le phénomène, avec le risque de causer des dommages irréversibles à ses articulations.

Une fois adulte, il faut toujours garder en tête le risque de dilatation-torsion de l'estomac. Pour le limiter, sa ration quotidienne doit être répartie en au moins deux repas (de préférence un le matin et l'autre le soir), qui doivent être pris dans le calme. Toute activité physique intense dans l'heure qui les précède, et surtout dans celle qui les suit, est à proscrire.

Un risque très pernicieux auquel le Labrador Retriever est particulièrement exposé n'est autre que l'obésité. Il est insatiable, et nombreux sont les maîtres croyant que leur chien est affamé et qu'il a besoin de manger plus que la ration prescrite par le fabricant de croquettes ou le vétérinaire. C'est une erreur, qui a pour conséquence une prise de poids excessive et peut l'entraîner dans un cercle vicieux (un chien en surpoids se dépense moins, ce qui aggrave le problème), avec à la clef de graves risques pour sa santé.

Il convient d'ailleurs de garder en tête que les friandises, aussi efficaces et utiles soient-elles dans le cadre de son éducation, représentent un apport calorique non négligeable. Il est fortement recommandé de soustraire ce dernier de sa ration quotidienne.

En tout état de cause, il est indispensable de surveiller la courbe de poids de son Labrador Retriever, et pour ce faire de le peser toutes les 2 à 3 semaines environ. Toute prise de poids qui se confirme voire s'accentue lors des mesures suivantes doit être considérée comme un signal d'alerte. Il est alors nécessaire de consulter un vétérinaire, qui peut identifier l'origine du problème (il peut être lié à son alimentation, mais aussi à une cause médicale : maladie, réaction à un médicament…) et déterminer comment y remédier.

Enfin, comme tous les chiens, le Labrador doit avoir en permanence accès à une gamelle d'eau fraîche.

PRENDRE SOIN DE SON LABRADOR

L'entretien du pelage du Labrador Retriever est simple, puisqu'un brossage hebdomadaire suffit à en retirer les poils morts et la saleté. S'il perd ses poils tout au long de l'année, le phénomène est bien sûr nettement plus prononcé lors de ses mues annuelles, en automne et au printemps : il est alors nécessaire d'opter pour une fréquence quotidienne afin d'éliminer l'excès de poils morts.

Étant généralement assez propre, il n'est pas nécessaire de lui faire prendre un bain trop souvent, au risque d'abîmer son poil sensible. Le sébum qui le recouvre (et qui s'en va en partie lors d'un bain) lui permet en effet d'être imperméable et le protège des éléments extérieurs. Deux ou trois bains par an sont donc un maximum, et il convient d'utiliser systématiquement un shampooing doux spécifiquement conçu pour les chiens, car le pH de leur peau n'est pas le même que chez les humains.

S'il s'est particulièrement sali après une promenade boueuse, il est conseillé de le rincer simplement avec de l'eau fraîche, sans utiliser de shampooing. Il convient de faire de même après un bain dans de l'eau salée ou dans une piscine.

Après une baignade, quelle qu'elle soit, y compris en eau douce, sécher ses oreilles à l'aide d'une serviette propre permet d'éviter que de l'humidité ne s'y accumule. En effet, leur forme tombante en fait un terrain propice aux inflammations et infections en tous genres (otites, etc.). C'est pour la même raison qu'il convient de les nettoyer régulièrement, afin d'en retirer toute saleté ou humidité.

Ses yeux doivent eux aussi être nettoyés chaque semaine, à l'aide d'un chiffon humide.

La séance d'entretien hebdomadaire est aussi l'occasion de brosser les dents de son chien, ce qui permet d'éviter les problèmes liés à la formation de plaque dentaire (mauvaise haleine, maladies, etc.). L'idéal est même de le faire encore plus souvent, voire quotidiennement. Dans tous les cas, il convient d'utiliser à chaque fois un dentifrice spécialement conçu pour la gent canine.

Enfin, l'usure naturelle est le plus souvent suffisante pour limer ses griffes, mais il est

conseillé de vérifier environ une fois par mois
que c'est effectivement le cas, et à défaut de les
couper manuellement. En effet, dès lors qu'elles
sont trop longues, c'est-à-dire qu'on les entend
frotter le sol lorsqu'il marche sur des surfaces
dures, elles risquent de le gêner, voire se casser
et le blesser.

Qu'il s'agisse du pelage, des oreilles, des yeux,
des dents ou encore des griffes, il peut être utile
la première fois d'apprendre auprès d'un
vétérinaire ou d'un toiletteur canin professionnel
les gestes nécessaires à l'entretien d'un Labrador.
Il convient par ailleurs de l'y habituer dès son
plus jeune âge, pour éviter tout problème par la
suite.

COUT D'UN LABRADOR RETRIEVER

Le prix d'un chiot Labrador Retriever est d'environ 1000 euros, sans différence majeure entre les mâles et les femelles. Cette moyenne cache cependant de grandes disparités, car les montants demandés vont de 500 euros pour les spécimens aux caractéristiques éloignées du standard à plus de 2500 euros pour les chiots venant de lignée d'exception et destinés aux expositions canines.

Au Canada, l'adoption d'un chiot Labrador coûte entre 800 et 1200 dollars canadiens.

Quel que soit le pays, les différences de prix d'un individu à l'autre peuvent être dues à la renommée de l'élevage, à l'ascendance plus ou moins prestigieuse du chiot ainsi qu'à ses caractéristiques intrinsèques, à commencer par sa proximité avec le standard. C'est d'ailleurs ce dernier point qui explique qu'on peut constater des écarts de prix au sein d'une même portée.

QUELQUES LABRADORS CÉLÈBRES

La liste des Labradors ayant atteint la célébrité est longue, et ce dans de nombreux domaines et pour différentes raisons.

Littérature et cinéma :

Le Labrador Retriever s'est fait une place de choix dans la littérature et le cinéma, mais le plus connu d'entre tous est très certainement Marley, du livre *Marley et Moi* (John Grogan, 2005), adapté au cinéma en 2008 par David Frankel.

Un autre Labrador connu pour ses apparitions à la télévision est Brian Griffin, de la série d'animation *Les Griffin*, ou *Family Guy* (entamée en 1999).

Enfin, Il est difficile de ne pas évoquer le cas de Zeus, un superbe Labrador jaune héros de toute une série de téléfilms : *Zeus, le chien qui a sauvé Noël* (2009, Michael Feifer), *Zeus, le chien qui a sauvé les vacances de Noël* (2010, Michael Feifer), *Zeus, le chien qui a sauvé Halloween* (2011, Peter Sullivan), *Zeus, le chien qui a sauvé les vacances* (2012, Michael Feifer), *Zeus, le chien qui a sauvé Pâques* (2014, Sean Robert Olson), *Zeus, le chien qui a sauvé l'été* (2015, Sean Robert Olson).

<u>Héroïsme :</u>

Dans la catégorie des chiens d'assistance, Endal, un Labrador de couleur crème, est considéré comme le chien le plus décoré au monde. Entre autres récompenses, il obtint en 2001 la médaille d'or du People Dispensary for Sick Animals (PDSA) pour avoir sauvé une personne lors d'un accident de la circulation. Lorsque le fauteuil roulant de son maître fut renversé par une voiture, Endal le plaça en Position Latérale de Sécurité, retrouva son téléphone, et partit chercher de l'aide dans un hôtel situé non loin.

Salty et Roselle sont deux chiens héros célèbres pour avoir guidé leurs maîtres respectifs, non-voyants, lors des attentats du 11 septembre 2001. Ils leur permirent de descendre plus de 70 étages par la cage d'escalier et de s'extraire des tours du World Trade Center avant qu'elles ne s'effondrent. Ils furent décorés conjointement de la médaille Dickin l'année suivante.

Forces de l'ordre :

De nombreux Labradors sont devenus célèbres pour leurs exploits au service de la police ou de l'armée. Lucky et Flo, deux frères de couleur noire, en sont un exemple parmi tant d'autres. Ils découvrirent en 2007 plus de 2 millions de faux DVD pour le compte de la police malaisienne, et la mafia locale mit leur tête à prix.

Politique :

Le Labrador est la race de choix des présidents français de la Vème République, depuis que Georges Pompidou (1911-1974) fit entrer Jupiter à l'Élysée. Suivirent Jugurtha et Samba, qui accompagnèrent Valery Giscard d'Estaing, Nil et Baltique, les compagnons de François Mitterand (1916-1996), Maskou et Sumo, les chiens de Jacques Chirac (1932-2019), Dumbledore et

Clara, fidèles à Nicolas Sarkozy, puis Philae, qui suivit François Hollande. Nemo, adopté dans un refuge par Emmanuel Macron en 2017, est un peu un cas particulier, puisqu'il s'agit d'un croisé Labrador Retriever — Griffon.

Il n'y a pas qu'en France que les dirigeants de ce monde ont succombé aux charmes du Labrador. On peut évoquer par exemple Buddy et Seamus, les deux Labradors du président américain Bill Clinton, Sully, celui de George H. W. Bush (1924-2018) ou encore Konni, celui du président russe Vladimir Putin.

LE STANDARD DU LABRADOR RETRIEVER

STANDARD FCI NUMÉRO :   **122**

DATE DE PUBLICATION :   **02/08/12**

ASPECT GENERAL :

Fortement charpenté, au rein court, très actif (ce qui exclus les sujets ayant un poids ou une corpulence excessifs). Le crâne est large. La poitrine est bien descendue et les côtes bien développées ; le rein et l'arrière-main sont larges et puissants.

Bon caractère, très agile. Nez excellent ; dent douce ; passion pour l'eau. Compagnon fidèle, capable de s'adapter partout. Intelligent, ardent et docile, il ne demande qu'à faire plaisir. Naturel amical, sans aucune trace d'agressivité ; il ne doit pas non plus se montrer craintif à l'excès.

TETE

REGION CRANIENNE :

Crâne : Large, bien dessiné sans joues épaisses (viandeuses).

Stop: Marqué.

REGION FACIALE :

Truffe : Large, les narines bien développées.

Museau : Puissant ; il n'est pas en sifflet.

Mâchoires/dents : Mâchoires de longueur moyenne ; mâchoires et dents fortes et présentant un articulé en ciseaux parfait, régulier et complet, c'est-à-dire que les incisives supérieures recouvrent les inférieures dans un contact étroit et sont implantées bien d'équerre par rapport aux mâchoires.

YEUX :

De dimensions moyennes, exprimant l'intelligence et le bon caractère. De couleur marron ou noisette.

OREILLES :

Ni grandes ni lourdes, elles tombent contre la tête et sont attachées plutôt en arrière.

COU :

Net, puissant et solide, s'insérant dans les épaules bien placées.

CORPS :

Dos : La ligne du dessus est horizontale.

Rein : Large, court et fort.

Poitrine : Bien large et bien descendue avec des côtes en plein cintre — cet aspect ne doit pas être dû à un excès de poids.

QUEUE :

Trait distinctif de la race : très épaisse à la naissance s'effilant progressivement vers l'extrémité, de longueur moyenne, dépourvue de frange, mais recouverte complètement d'un poil court, épais, dense qui donne une apparence de rondeur décrite sous le nom de « queue de loutre ». Elle peut être portée gaiement, mais elle ne doit pas se recourber sur le dos.

MEMBRES

MEMBRES ANTERIEURS :

Vue d'ensemble : Les antérieurs sont droits du coude au sol, qu'ils soient vus de face ou de profil.

Epaules : Longues et obliques.

Avant-bras : Bonne ossature et droits.

Pieds antérieurs : Ronds, compacts : doigts bien cambrés et coussinets bien développés.

MEMBRES POSTERIEURS :

Vue d'ensemble : Bien développés, la croupe ne descend pas vers la queue.

Grasset (genou) : Bien angulé.

Métatarse/Jarret : L'articulation (pointe) des jarrets est bien descendue. Les jarrets de vache sont à proscrire.

Pieds postérieurs : Ronds, compacts ; doigts bien cambrés et coussinets bien développés.

Allures dégagées, couvrant bien du terrain. Les membres antérieurs et postérieurs se déplacent dans des plans parallèles à l'axe du corps.

Qualité du poil :

Le poil est un trait distinctif du Labrador. Il est court et dense, sans ondulations ni franges ; il donne au toucher l'impression d'être passablement rêche ; le sous-poil est résistant aux intempéries.

Couleur du poil :

Entièrement noir, jaune ou marron (foie-chocolat). Le jaune va du crème clair au roux (du renard). Une petite tache blanche est admise sur le poitrail.

DEFAUTS :

Tout écart par rapport à ce qui précède doit être considéré comme un défaut qui sera pénalisé en fonction de sa gravité et de ses conséquences sur la santé et le bien-être du chien et sur sa capacité à accomplir son travail traditionnel.

DEFAUTS ENTRAINANT L'EXCLUSION :

• Chien agressif ou peureux.

• Tout chien présentant de façon évidente des anomalies d'ordre physique ou comportemental.

• Les mâles doivent avoir deux testicules d'aspect normal complètement descendus dans le scrotum.

• Seuls les chiens sains et capables d'accomplir les fonctions pour lesquelles ils ont été sélectionnés, et dont la morphologie est typique de la race, peuvent être utilisés pour la reproduction.

Publié par

Nature & Santé